Guillaume Marinette

Süßkartoffel

DIE BESTEN REZEPTE

Fotos: David Japy
Layout: Christine Legeret

Bassermann

Inhalt

Süßkartoffel-Hummus

VORBEREITEN: 5 MIN. | GAREN: 15 MIN.

FÜR 6 PERSONEN

FÜR DEN HUMMUS
300 g Süßkartoffeln
2 Knoblauchzehen
500 g Kichererbsen aus der Dose (Abtropfgewicht)
50 ml Olivenöl
Saft von 1 Zitrone
1 TL gemahlener Kreuzkümmel
2 EL frisch gehackter Koriander
60 g Tahini oder 30 g weiße Sesamsaat und 2 EL Sesamöl
½ TL Kreuzkümmelsamen
Salz, frisch gemahlener schwarzer Pfeffer

ZUM GARNIEREN
2 TL Olivenöl
½ TL gemahlener Kreuzkümmel
4 EL Kichererbsen
50 g gegarte Süßkartoffeln, gewürfelt
2 EL Korianderblätter

ZUBEREITUNG

- Die Süßkartoffeln schälen, würfeln und garen (dämpfen oder in Salzwasser kochen). Abdampfen lassen.

- Für den Hummus die Knoblauchzehen abziehen und grob hacken. Mit den anderen Zutaten im Mixer zu einer glatten Masse pürieren. Mit Salz und Pfeffer abschmecken.

- In eine Servierschale füllen.

- Den Hummus mit dem Olivenöl beträufeln. Mit Kreuzkümmelsamen, Kichererbsen, Süßkartoffelwürfeln und etwas Koriander bestreuen.

- Mit Pita-Brot, Rohkost oder Tortillas servieren.

Süßkartoffelaufstrich

VORBEREITEN: 5 MIN. | GAREN: 15 MIN.

FÜR 6 PERSONEN

250 g Süßkartoffeln
200 g Karotten
60 g Cashewmus (ungesalzen)
50 ml Walnussöl
70 ml Wasser
1 TL Currypulver
einige Blätter Koriander
Salz, frisch gemahlener schwarzer Pfeffer

ZUBEREITUNG

- Süßkartoffeln und Karotten schälen und grob würfeln.
- Das Gemüse in einem Topf mit Salzwasser etwa 15 Minuten sehr weich kochen. In ein Sieb abgießen und abtropfen lassen.
- Das Gemüse mit den restlichen Zutaten im Mixer zu einer glatten Masse pürieren. Mit Salz und Pfeffer abschmecken.
- Den Aufstrich in eine Schale füllen und vorzugsweise gekühlt servieren.
- Er schmeckt zu Grissini, Rohkost, frischem Bauernbrot oder in Wraps.

Süßkartoffelbällchen

VORBEREITEN: 10 MIN. | GAREN: 20 MIN. PLUS 25 MIN. | RUHEN: ÜBER NACHT

FÜR ETWA 12 BÄLLCHEN

FÜR DIE BÄLLCHEN
120 g rote Linsen
120 g Süßkartoffeln
1 Schalotte
2 Knoblauchzehen
1 TL Paprikapulver
1 TL Currypulver
Salz, frisch gemahlener schwarzer Pfeffer

FÜR DIE SAUCE
150 g Naturjoghurt
Saft von 1 Limette
frisch gehackte Minze oder/und Koriander

- Die Linsen über Nacht in einer großen Schüssel mit kaltem Wasser einweichen.
- Die Süßkartoffeln schälen, würfeln und garen (dampfgaren oder in Salzwasser kochen). Abdampfen lassen.
- Am nächsten Tag die Linsen in ein Sieb abgießen und abtropfen lassen.
- Den Backofen auf 210 °C (Ober- und Unterhitze) vorheizen. Ein Backblech mit Backpapier auslegen.
- Schalotte und Knoblauchzehen abziehen und fein hacken.
- Die Süßkartoffeln in einer Schüssel mit zwei Dritteln der Linsen zerstampfen.
- Die restlichen Zutaten sorgfältig einarbeiten. Mit Salz und Pfeffer würzen.
- Die Masse zu knapp walnussgroßen Kugeln formen.
- Die Kugeln auf das vorbereitete Backblech setzen und im vorgeheizten Ofen 25 Minuten goldbraun und knusprig backen.
- Für die Sauce alle Zutaten in einer Schale glatt rühren. Mit Salz und Pfeffer abschmecken. Bis zum Servieren im Kühlschrank ziehen lassen.

Kroketten mit Überraschung!

VORBEREITEN: 10 MIN. | GAREN: 20 MIN. PLUS 3 MIN.

ERGIBT 14 KROKETTEN

250 g Süßkartoffeln
250 g Kartoffeln
Salz, frisch gemahlener schwarzer Pfeffer
14 Mini-Mozzarellakugeln
1 Ei
100 g Semmelbrösel
Pflanzenöl zum Frittieren

ZUBEREITUNG

- Süßkartoffeln und Kartoffeln schälen, würfeln und garen. Abdampfen und abkühlen lassen. In einer Schüssel zerstampfen und mit Salz und Pfeffer würzen.
- Aus der Masse etwa 14 Kugeln formen. Jede Kugel zu einer Scheibe flach drücken.
- Je eine Mozzarellakugel in die Mitte der Scheiben setzen und mit der Kartoffelmasse umschließen.
- Die Masse wieder zu Kugeln formen. Das Ei in einem tiefen Teller verquirlen. Die Semmelbrösel in einen zweiten tiefen Teller geben. Die Kugeln erst im Ei, dann in den Semmelbröseln wenden.
- Reichlich Pflanzenöl in einem großen Topf auf 170 °C erhitzen und die Kugeln portionsweise darin knusprig frittieren.
- Die Kroketten mit einem Schaumlöffel aus dem heißen Fett nehmen, auf Küchenpapier abtropfen lassen und lauwarm servieren.

Überbackene Süßkartoffelscheiben

VORBEREITEN: 10 MIN. | GAREN: 12 MIN. PLUS 30 MIN.

FÜR 4 SCHEIBEN

¼ Brokkoli, in Röschen zerteilt
1 große Süßkartoffel
Salz, frisch gemahlener schwarzer Pfeffer
4 EL Fertig-Pesto
100 g frische Spinatblätter
½ gegrillte rote Paprikaschote (aus dem Glas), in Streifen geschnitten
1 Kugel Mozzarella
2 EL Pinienkerne

ZUBEREITUNG

- Den Backofen auf 180 °C (Ober- und Unterhitze) vorheizen. Ein Backblech mit Backpapier auslegen.
- Die Brokkoliröschen dämpfen oder in Salzwasser bissfest garen. Abdampfen lassen.
- Die Süßkartoffel schälen und in etwa 2 cm dicke Scheiben schneiden.
- Die Süßkartoffelscheiben mit Salz und Pfeffer würzen und auf das vorbereitete Backblech legen. Im vorgeheizten Ofen 15 Minuten garen. Den Ofen nicht ausschalten.
- Die Süßkartoffelscheiben mit je 1 Esslöffel Pesto bestreichen und mit Spinat, Paprika und Brokkoli belegen.
- Den Mozzarella in Scheiben schneiden und ebenfalls auf die Süßkartoffeln legen. Mit den Pinienkernen bestreuen.
- Die Süßkartoffelscheiben im heißen Ofen 15 Minuten überbacken. Warm oder lauwarm servieren.

Süßkartoffelpommes mit Camembert

VORBEREITEN: 5 MIN. | GAREN: 30 MIN.

FÜR 4 PERSONEN

500 g Süßkartoffeln
50 ml Olivenöl
50 g frisch geriebener Parmesan
2 EL Kräuter der Provence
1 EL Knoblauchpulver
Salz, frisch gemahlener schwarzer Pfeffer
1 Camembert in einer Holzschachtel

- Den Backofen auf 200 °C (Ober- und Unterhitze) vorheizen. Ein Backblech mit Backpapier auslegen.

- Die Süßkartoffeln schälen und zu Pommes frites schneiden.

- In einer großen Schüssel mit den restlichen Zutaten außer dem Camembert vermengen. Mit Salz und Pfeffer würzen.

- Den Camembert in der geöffneten Holzschachtel oder in einer passenden Backform in die Mitte auf das vorbereitete Backblech setzen, die Oberfläche einritzen. Die Süßkartoffelstifte ringsum in einer Schicht verteilen.

- Im vorgeheizten Backofen 30 Minuten knusprig garen. Sofort servieren.

Herzhafte Süßkartoffelküchlein

VORBEREITEN: 15 MIN. | GAREN: 35 MIN.

FÜR 4 PERSONEN

150 g Speckstreifen
1 Zwiebel
1 Knoblauchzehe
2 EL Olivenöl
200 g geschälte Süßkartoffeln, gewürfelt
1 TL mildes Currypulver
150 g Weizenmehl
1 Päckchen Backpulver
3 Eier
100 g geriebener Emmentaler
50 g weiche Butter, plus etwas mehr zum Einfetten

ZUBEREITUNG

- Den Backofen auf 180 °C (Ober- und Unterhitze) vorheizen. Vier Mini-Backformen mit etwas Butter einfetten. Die Speckstreifen in der Pfanne knusprig braten.
- Zwiebel und Knoblauchzehe abziehen und fein hacken.
- Das Olivenöl in einer Pfanne erhitzen. Süßkartoffelwürfel und Zwiebel mit dem Currypulver darin etwa 10 Minuten dünsten. Auf einen Teller geben.
- Die restlichen Zutaten in einer großen Schüssel verrühren. Dann Süßkartoffeln und Zwiebel unterziehen.
- Die Masse in die vorbereiteten Backformen füllen.
- Im vorgeheizten Backofen 25 Minuten goldbraun backen.

Süßkartoffel-Focaccia

VORBEREITEN: 10 MIN. | GAREN: 20 MIN. PLUS 15 MIN. | RUHEN: 2 STD.

FÜR 6 PERSONEN

200 g Süßkartoffeln
350 g Weizenvollkornmehl
225 ml Wasser
40 g Olivenöl, plus etwas mehr zum Einfetten und Beträufeln
2 TL Trockenbackhefe
2 EL Kürbiskerne
1 TL Salz
½ TL Cayennepfeffer

ZUBEREITUNG

- Die Süßkartoffeln dünn schälen, würfeln und in Salzwasser weich kochen. Abdampfen lassen.
- In der Rührschüssel der Küchenmaschine die noch heißen Süßkartoffeln mit einer Gabel grob zerdrücken.
- Den Knethaken in die Maschine einsetzen und die Süßkartoffeln mit Mehl, Wasser, Olivenöl, Trockenhefe, Kürbiskernen, Salz und Cayennepfeffer 5 Minuten kneten.
- Inzwischen ein Backblech mit Öl einfetten. Den (fast flüssigen) Teig darauf verteilen.
- Den Teig mit einem sauberen Küchentuch abdecken und 2 Stunden bei Raumtemperatur gehen lassen.
- Inzwischen den Backofen auf 210 °C (Ober- und Unterhitze) vorheizen und ein Backblech mit Backpapier auslegen.
- Den aufgegangenen Teig 1–2 cm dick auf dem Backblech verteilen.
- Die Focaccia 15 Minuten im vorgeheizten Ofen goldbraun backen.
- Das Fladenbrot lauwarm abkühlen lassen. Vor dem Servieren mit etwas Olivenöl beträufeln.

Gefüllter Blätterteigzopf

VORBEREITEN: 5 MIN. | GAREN: 20 MIN. PLUS 15–20 MIN.

FÜR 4 PERSONEN

250 g Süßkartoffeln
1 Knoblauchzehe
2 EL Kräuter der Provence
2 EL Honig
Salz, frisch gemahlener schwarzer Pfeffer
1 Fertig-Blätterteig (aus dem Kühlregal)
½ Ziegenkäserolle
1 Eigelb

ZUBEREITUNG

- Die Süßkartoffeln schälen, würfeln und in Salzwasser weich kochen. Abdampfen lassen.
- Den Backofen auf 210 °C (Ober- und Unterhitze) vorheizen. Ein Backblech mit Backpapier auslegen.
- Die Knoblauchzehe abziehen und fein hacken.
- Die Süßkartoffelwürfel mit Knoblauch, Kräutern der Provence und Honig in einer Schüssel vermengen. Mit Salz und Pfeffer würzen.
- Den Blätterteig auf dem vorbereiteten Backblech ausrollen. Die Süßkartoffelwürfel auf dem mittleren Teigdrittel verteilen. Oben und unten einen breiten Rand lassen.
- Den Ziegenkäse in Scheiben schneiden und auf den Süßkartoffeln verteilen.
- Den Teig rechts und links der Füllung in 2 cm großen Abständen einschneiden.
- Die Streifen abwechselnd über die Füllung schlagen, sodass eine Flechtoptik entsteht.
- Den Teig mithilfe eines Küchenpinsels mit dem verquirlten Eigelb bestreichen.
- Den Zopf im vorgeheizten Ofen 15–20 Minuten goldbraun backen.

Tortillas

VORBEREITEN: 10 MIN. | GAREN: 20 MIN. PLUS 10 MIN.

FÜR 5 TORTILLAS

150 g Süßkartoffeln
130 g Weizenvollkornmehl
Pflanzenöl, zum Backen

ZUBEREITUNG

- Die Süßkartoffeln, schälen, würfeln, in Salzwasser weich kochen und pürieren.
- Das Süßkartoffelpüree in einer Schüssel mit dem Mehl verrühren, bis die Masse glatt und kaum noch klebrig ist.
- Die Masse in fünf gleich große Portionen teilen und mit einem Teigroller zu einem 5 mm dicken Fladen ausrollen.
- Eine schwere Pfanne erhitzen und mit Öl ausstreichen. Die Tortillas darin von jeder Seite 1 Minute backen.

Süßkartoffelpizza

VORBEREITEN: 10 MIN. | GAREN: 50 MIN.

FÜR 4 PERSONEN

FÜR DEN TEIG
500 g Süßkartoffeln, gewürfelt
200 g gemahlene Haferflocken (oder Hafermehl)

FÜR DEN BELAG
6 EL Tomatenmark
1 TL Oregano
100 g Champignons, in Scheiben geschnitten
½ rote Paprika, in Streifen geschnitten
½ gelbe Paprika, in Streifen geschnitten
150 g Feta, klein gewürfelt
2 EL Pinienkerne

ZUBEREITUNG

- Die Süßkartoffelwürfel 20 Minuten dämpfen.
- Mit einer Gabel zerdrücken und die Haferflocken oder das Hafermehl einrühren.
- Den Backofen auf 180 °C (Ober- und Unterhitze) vorheizen. Ein Backblech mit Backpapier auslegen.
- Den Teig zu einem Pizzaboden ausrollen und auf das vorbereitete Backblech legen.
- 20 Minuten im vorgeheizten Ofen backen.
- Mit Tomatenmark bestreichen und mit Oregano bestreuen.
- Die übrigen Zutaten gleichmäßig darauf verteilen und 10 Minuten im Ofen weiterbacken.
- Die Pizza heiß mit einem Beilagensalat servieren.

Süßkartoffel-Brokkoli-Quiche

VORBEREITEN: 10 MIN. | GAREN: 25–30 MIN.

FÜR 4 PERSONEN

150 g Brokkoli
2 Süßkartoffeln
150 g frische Spinatblätter
200 ml Kokosmilch
4 Eier
1 EL Kräuter der Provence
1 TL Currypulver
Salz, frisch gemahlener schwarzer Pfeffer
100 g Feta, gewürfelt
1 TL Pinienkerne
Pflanzenöl zum Einfetten

ZUBEREITUNG

- Den Backofen auf 180 °C (Ober- und Unterhitze) vorheizen. Eine Quicheform einfetten und den Boden mit Backpapier auslegen.

- Wasser in einem Topf zum Kochen bringen. Den Brokkoli in Röschen zerteilen und im kochenden Wasser 3 Minuten blanchieren. In ein Sieb abgießen und in Eiswasser abschrecken.

- Die Süßkartoffeln schälen und in feine Scheiben schneiden.

- Boden und Rand der Quicheform überlappend mit den Süßkartoffelscheiben auslegen.

- Den Spinat in einem Topf dünsten, bis er zusammengefallen ist.

- Den Spinat leicht ausdrücken und auf den Süßkartoffelscheiben verteilen. Die Brokkoliröschen gleichmäßig darübergeben.

- Kokosmilch, Eier, Kräuter der Provence und Currypulver in einer Schüssel verrühren. Mit Salz und Pfeffer würzen. Über das Gemüse in der Quicheform gießen.

- Fetawürfel und Pinienkerne gleichmäßig darauf verteilen.

- Die Quiche im vorgeheizten Ofen 25–30 Minuten backen.

Süßkartoffel-Mangold-Quiche

VORBEREITEN: 15 MIN. | GAREN: 35 MIN.

FÜR 4 PERSONEN

FÜR DEN TEIG
1 herzhafter Mürbeteig (aus dem Kühlregal)
oder
300 g Weizenvollkornmehl
150 g kalte Butter, gewürfelt
80 ml Wasser
1 TL Salz

FÜR DEN BELAG
1 Bund Mangold
1 Knoblauchzehe
1 Zwiebel
2 kleine, schlanke Süßkartoffeln
1 EL Olivenöl
Salz

ZUBEREITUNG

- Den Backofen auf 180 °C (Ober- und Unterhitze) vorheizen. Ein Backblech mit Backpapier auslegen.
- Für selbst gemachten Teig alle Zutaten glatt verkneten und in Frischhaltefolie eingeschlagen im Kühlschrank ruhen lassen.
- Den Mangold waschen und abtropfen lassen. Die Blätter grob hacken. Die Stiele für andere Zwecke verwenden.
- Knoblauch und Zwiebel abziehen und fein hacken. Das Olivenöl in einem Topf erhitzen und Knoblauch und Zwiebel darin andünsten. Wenn sie etwas Farbe haben, die Mangoldblätter zufügen und gar dünsten. Mit Salz würzen.
- Den Mürbeteig auf dem Backblech kreisrund ausrollen. Die Mangoldmischung darauf verteilen; dabei einen breiten Rand lassen.
- Die Süßkartoffeln schälen, in feine Scheiben schneiden und auf dem Mangold verteilen.
- Die Teigränder über die Füllung schlagen.
- Die Quiche im vorgeheizten Ofen 35 Minuten goldbraun backen.

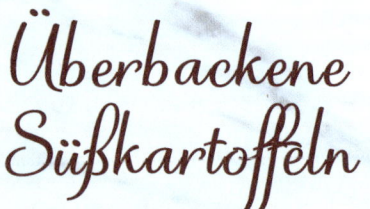

Überbackene Süßkartoffeln

VORBEREITEN: 10 MIN. | GAREN: 25 MIN.

FÜR 4 PERSONEN

2 Süßkartoffeln
1 Zwiebel
2 Scheiben Kochschinken
4 Scheiben Frühstücksspeck
8 Scheiben Raclettekäse
1 TL Kreuzkümmelsamen

ZUBEREITUNG

- Den Backofen auf 180 °C (Ober- und Unterhitze) vorheizen. Ein Backblech mit Backpapier auslegen.

- Die Süßkartoffeln schälen und längs halbieren. Mit einem Kugelausstecher oder Teelöffel das Fruchtfleisch herauslösen, sodass ein 2 cm dicker Rand bleibt. (Das ausgelöste Fruchtfleisch kann für ein anderes Rezept verwendet werden.)

- Die Zwiebel abziehen und fein hacken. Die Süßkartoffelhälften damit bestreuen.

- Die Süßkartoffelhälften mit je einer halben Scheibe Schinken und einer Speckscheibe belegen.

- Mit je 2 Käsescheiben bedecken und mit dem Kreuzkümmel bestreuen.

- Die Süßkartoffelhälften im vorgeheizten Ofen 25 Minuten garen.

Fischfrikadellen

VORBEREITEN: 10 MIN. | GAREN: 20 MIN. PLUS 10 MIN. | ABKÜHLZEIT: 40 MIN.

ERGIBT 20 STÜCK

250 g Süßkartoffeln
300 g Kichererbsen aus der Dose (Abtropfgewicht)
80 g Kabeljaufilet, ohne Haut und klein gewürfelt
4 EL Speisestärke
4 EL weiße Sesamsaat
frische Schnittlauchröllchen
Salz, frisch gemahlener schwarzer Pfeffer
1 Ei
Semmelbrösel
Pflanzenöl zum Braten

ZUBEREITUNG

- Die Süßkartoffeln schälen, würfeln und weich garen (dämpfen oder in Salzwasser kochen). Abdampfen und abkühlen lassen.

- Süßkartoffeln und Kichererbsen in einer Schüssel mit einem Kartoffelstampfer zerdrücken.

- Fischfilet, Speisestärke, Sesam und Schnittlauch zufügen. Mit Salz und Pfeffer würzen.

- Sorgfältig vermengen, bis eine glatte Masse entstanden ist.

- Die Masse zu 20 Kugeln formen und diese leicht flach drücken.

- Das Ei in einem tiefen Teller verquirlen. Die Semmelbrösel in einem zweiten tiefen Teller verteilen.

- Die Frikadellen erst im Ei, dann in den Semmelbröseln wenden.

- Öl in einer Pfanne erhitzen. Die Frikadellen darin 2–3 Minuten von jeder Seite goldbraun braten. Alternativ 10 Minuten im 180 °C (Ober- und Unterhitze) heißen Ofen garen.

- Sofort heiß servieren.

Zucchini-Süßkartoffel-Puffer

VORBEREITEN: 10 MIN. | GAREN: 15 MIN.

ERGIBT 12 PUFFER

2 Eier
70 g Speisestärke
2 TL frisch gehacktes Basilikum
Salz, frisch gemahlener schwarzer Pfeffer
500 g Süßkartoffeln
350 g Zucchini
1 Zwiebel
Pflanzenöl zum Braten

ZUBEREITUNG

- Die Eier mit Speisestärke und Basilikum in einer Schüssel verquirlen. Mit Salz und Pfeffer würzen.
- Süßkartoffeln und Zucchini schälen und raspeln. Gut ausdrücken. Die Zwiebel abziehen und fein würfeln.
- Die Gemüseraspel mit der Eiermischung vermengen. Überschüssige Eiermischung abgießen.
- Etwas Öl in einer Pfanne erhitzen. Je 2–3 Esslöffel Gemüsemasse in die Pfanne geben, flach drücken und den Puffer bei niedriger Hitze und aufgesetztem Deckel braten, bis die Unterseite goldbraun ist. Wenden und weiterbraten, bis die andere Seite ebenfalls goldbraun ist. So fortfahren, bis die Masse komplett aufgebraucht ist.
- Die Puffer auf Küchenpapier abtropfen lassen und sofort servieren.
- Die Puffer können roh auch eingefroren werden.

Süßkartoffelburger

VORBEREITEN: 10 MIN. | GAREN: 40 MIN.

FÜR 1 BURGER

1 kleine Süßkartoffel (möglichst rund)
1 EL Olivenöl
1 EL weiße Sesamsaat
½ rote Zwiebel
½ Tomate
1 Hamburger-Patty (Fleischklops)
1 Scheibe Emmentaler
1 Scheibe Cheddar
1 EL Hummus (aus dem Kühlregal)
2 Salatblätter
Olivenöl zum Braten

ZUBEREITUNG

- Den Backofen auf 180 °C (Ober- und Unterhitze) vorheizen. Ein Backblech mit Backpapier auslegen.

- Die Süßkartoffel schälen und in zwei Teile schneiden (²/₃ zu ¹/₃).

- Die Süßkartoffelstücke mit der Schnittseite nach unten auf das Backblech legen. Mit Olivenöl bestreichen und mit dem Sesam bestreuen. Im vorgeheizten Ofen 30 Minuten weich backen.

- Die Zwiebel abziehen und in Ringe schneiden. Die Tomatenhäfte in Scheiben schneiden.

- Den Hamburger-Patty in einer Pfanne braten. Wenn er auf einer Seite braun ist, wenden und mit den Käsescheiben belegen.

- Den kleineren Teil der Süßkartoffel mit dem Hummus bestreichen. Mit den Salatblättern, einigen Zwiebelringen und einer Tomatenscheibe belegen. Den Patty daraufsetzen und mit dem zweiten Süßkartoffelstück bedecken.

Buddha Bowl

VORBEREITEN: 20 MIN. | GAREN: 20–25 MIN.

FÜR 2 SCHALEN

1 mittelgroße Süßkartoffel, geschält und gewürfelt
2 EL Olivenöl
Salz, frisch gemahlener schwarzer Pfeffer
1 Dose Kichererbsen (Füllgewicht 400 g), abgetropft
1 EL gemahlene Kurkuma
1 TL Paprikapulver edelsüß
1 TL Currypulver
½ rote Zwiebel
300 g Quinoa
250 g junge Spinatblätter
1 Avocado
80 ml Vinaigrette aus Essig, Öl, Senf, Salz und Pfeffer
1 TL weiße Sesamsaat

ZUBEREITUNG

- Den Backofen auf 200 °C (Ober- und Unterhitze) vorheizen. Ein Backblech mit Backpapier auslegen.
- Die Süßkartoffelwürfel in einer Schüssel mit einem Esslöffel Olivenöl vermengen. Mit Salz und Pfeffer würzen. Die Süßkartoffelwürfel auf dem vorbereiteten Backblech verteilen.
- Nun die Kichererbsen in die Schüssel geben. Mit dem restlichen Olivenöl und den Gewürzen vermengen. Ebenfalls auf dem Backblech verteilen.
- Im vorgeheizten Ofen 20–25 Minuten backen, bis die Süßkartoffeln weich sind.
- Inzwischen die Zwiebel abziehen und in Streifen schneiden.
- Die Quinoa nach Packungsangabe gar kochen. In einem Sieb abtropfen lassen.
- Die Quinoa auf zwei Schalen verteilen.
- Süßkartoffeln und Kichererbsen darauf geben.
- Spinat, rote Zwiebeln und je ½ Avocado ebenfalls anrichten.
- Mit der Vinaigrette beträufeln und dem Sesam bestreuen. Sofort servieren.

Gebackene Süßkartoffeln

VORBEREITEN: 5 MIN. | GAREN: 30 MIN.

FÜR 4 PERSONEN

2 mittelgroße Süßkartoffeln
4 EL Olivenöl
1 EL Currypulver
1 TL Paprikapulver
Salz, frisch gemahlener schwarzer Pfeffer
4 EL Honig

ZUBEREITUNG

- Den Backofen auf 200 °C (Ober- und Unterhitze) vorheizen. Ein Backblech mit Backpapier auslegen.

- Die Süßkartoffeln schälen und längs halbieren.

- Mit einem spitzen Messer das Fruchtfleisch rautenförmig einschneiden.

- Die Süßkartoffeln mit dem Olivenöl bestreichen.

- Die Schnittflächen mit den Gewürzen bestreuen. Mit Salz und Pfeffer würzen.

- Jede Süßkartoffelhälfte mit je einem Esslöffel Honig beträufeln.

- Im vorgeheizten Ofen 30 Minuten gar backen. Heiß oder lauwarm servieren.

Süßkartoffel-Kokos-Suppe

VORBEREITEN: 5 MIN. | GAREN: 30 MIN.

FÜR 4 PERSONEN

300 g Süßkartoffeln
450 g Karotten
1 Zwiebel
1 Knoblauchzehe
1 Brühwürfel
1 TL Currypulver
150 ml Kokosmilch

ZUBEREITUNG

- Süßkartoffeln und Karotten schälen und würfeln. Zwiebel und Knoblauchzehe abziehen und fein hacken.
- Alles in einen Topf geben und 800 ml Wasser zugießen. Den Brühwürfel hineinkrümeln und die Suppe 30 Minuten köcheln lassen.
- Den Topf vom Herd nehmen. Currypulver und Kokosmilch unterrühren. Die Suppe glatt pürieren.
- Sofort heiß servieren.

Zitroniges Süßkartoffelpüree

VORBEREITEN: 15 MIN. | GAREN: 10–12 MIN.

FÜR 4 PERSONEN

750 g Süßkartoffeln
200 g Crème fraîche
2 EL Olivenöl
abgeriebene Schale von ½ Bio-Orange
1 Prise Cayennepfeffer
Salz, frisch gemahlener schwarzer Pfeffer

ZUBEREITUNG

- Die Süßkartoffeln schälen und klein würfeln.
- Die Süßkartoffelwürfel in kochendem Wasser 10–12 Minuten weich garen. In ein Sieb abgießen und abtropfen lassen.
- Die Würfel durch eine Passiermühle drehen oder mit einem Kartoffelstampfer zerdrücken.
- Crème fraîche, Olivenöl, Orangenabrieb und Cayennepfeffer unterrühren. Mit Salz und Pfeffer abschmecken.
- Das Püree warm oder lauwarm servieren.

Süßkartoffel-Gnocchi

VORBEREITEN: 10 MIN. | GAREN: 20 MIN.

FÜR 4 PERSONEN

600 g Süßkartoffeln
140 g Weizenmehl, plus etwas mehr für die Arbeitsfläche
100 g Parmesan, plus etwas mehr zum Garnieren
Salz, frisch gemahlener schwarzer Pfeffer

ZUBEREITUNG

- Die Süßkartoffeln schälen, würfeln und entweder 20 Minuten dämpfen oder in kochendem Wasser garen, bis sie weich sind.
- Die Süßkartoffeln in einer Schüssel mit einer Gabel oder einem Kartoffelstampfer zerdrücken.
- Die restlichen Zutaten unterrühren, bis eine glatte Masse entstanden ist. Mit Salz und Pfeffer würzen.
- Die Masse auf der leicht bemehlten Arbeitsfläche zu gut daumendicken Strängen rollen. In Stücke schneiden und mit den Zinken einer bemehlten Gabel Rillen in die Gnocchi drücken.
- Die Gnocchi in siedendem Salzwasser ziehen lassen, bis sie an die Wasseroberfläche steigen. Mit einem Schaumlöffel herausnehmen und in einem Sieb abtropfen lassen. Mit Parmesan bestreut servieren.

Süßkartoffelcurry

VORBEREITEN: 10 MIN. | GAREN: 35 MIN.

FÜR 6 PERSONEN

2 Süßkartoffeln
1 Zwiebel
1 Knoblauchzehe
2 EL Olivenöl
1 gestrichener TL gemahlener Ingwer
2 TL Currypulver
1 TL gemahlene Kurkuma
1 kleine Dose Tomatenmark
3 EL Zitronensaft
200 ml Kokosmilch
1 Dose gehackte Tomaten (800 g Füllgewicht)
Salz, frisch gemahlener schwarzer Pfeffer
160 g Erbsen
½ Bund Koriandergrün

ZUBEREITUNG

- Die Süßkartoffeln schälen und würfeln. Entweder 15 Minuten dämpfen oder in kochendem Wasser garen, bis sie weich sind.
- Zwiebel und Knoblauch abziehen und fein hacken.
- Das Öl in einem großen Topf erhitzen und die Zwiebel darin andünsten. Gewürze, Knoblauch und Tomatenmark unterrühren.
- Zitronensaft, Kokosmilch und gehackte Tomaten zufügen. Mit Salz und Pfeffer würzen. Die Mischung bei niedriger Hitze etwa 10 Minuten köcheln lassen.
- Erbsen und Süßkartoffeln untermischen und weitere 5 Minuten köcheln lassen.
- Inzwischen den Koriander waschen, trocknen und fein hacken. Das Curry damit bestreuen und sofort servieren.
- Dazu schmeckt zum Beispiel Basmati-Reis.

Süßkartoffelauflauf

VORBEREITEN: 25 MIN. | GAREN: 20 MIN. PLUS 20 MIN.

FÜR 4 PERSONEN

300 g Süßkartoffeln
1 Zwiebel
2 Knoblauchzehen
3 Tomaten
400 g Hackfleisch halb und halb
1 Eigelb
30 g frisch geriebener Parmesan
½ Bund krause Petersilie
50 g Semmelbrösel
Olivenöl
Salz, frisch gemahlener schwarzer Pfeffer

ZUBEREITUNG

- Die Süßkartoffeln schälen, würfeln und weich garen. Dann zu Püree stampfen.

- Den Backofen auf 180 °C (Ober- und Unterhitze) vorheizen. Eine flache Auflaufform mit Olivenöl einfetten.

- Zwiebel und Knoblauch abziehen und fein hacken. Die Tomaten klein würfeln.

- Etwas Olivenöl in einer großen Pfanne erhitzen und Zwiebel und Knoblauch darin andünsten. Erst die Tomaten, dann das Hackfleisch zufügen und braten.

- Wenn das Hackfleisch durchgegart ist, die Pfanne vom Herd nehmen und zügig Eigelb und Parmesan sorgfältig einarbeiten.

- Die Hackfleischmasse in der vorbereiteten Form verteilen.

- Die Petersilie waschen, trocknen und fein hacken. In einer Schüssel mit dem Süßkartoffelpüree verrühren. Auf der Hackfleischmasse verstreichen.

- Mit den Semmelbröseln bestreuen und im vorgeheizten Ofen 20 Minuten backen. Sofort servieren.

Gemüsegratin

VORBEREITEN: 10 MIN. | GAREN: 45 MIN.–1 STD.

FÜR 4 PERSONEN

600 g Süßkartoffeln
2 Zucchini
1 große Aubergine
2 Knoblauchzehen
10 getrocknete Tomaten in Olivenöl, abgetropft
200 g Crème fraîche
1 Handvoll frisch gehackte Kräuter
Salz, frisch gemahlener schwarzer Pfeffer
200 g geriebener Käse
Pflanzenöl zum Einfetten

ZUBEREITUNG

- Den Backofen auf 180 °C (Ober- und Unterhitze) vorheizen. Eine flache Auflaufform einfetten.

- Süßkartoffeln, Zucchini und Aubergine waschen und putzen. Die Süß-kartoffeln schälen. Das Gemüse in maximal 5 mm dicke Scheiben schneiden.

- Den Knoblauch abziehen und fein hacken. Die Tomaten klein würfeln.

- Die Crème fraîche in einer großen Schüssel mit Knoblauch, Tomaten und Kräutern verrühren.

- Die Gemüsescheiben unterheben. Mit Salz und Pfeffer würzen.

- Das Gemüse in die vorbereitete Auflaufform schichten und mit dem Käse bestreuen.

- Im vorgeheizten Ofen 45–60 Minuten backen. Sofort servieren.

Herzhafter Süßkartoffel-Crumble

VORBEREITEN: 5 MIN. | GAREN: 20 MIN. PLUS 25–30 MIN.

FÜR 4 PERSONEN

500 g Süßkartoffeln
1 Knoblauchzehe
½ Bund krause Petersilie
100 g Speckstreifen
1 Prise Cayennepfeffer
Pflanzenöl zum Einfetten

FÜR DIE STREUSEL
80 g Weizenvollkornmehl
50 g Butter
40 g geriebener Bergkäse
Salz

ZUBEREITUNG

- Die Süßkartoffeln schälen, würfeln und weich garen (dämpfen oder in Salzwasser kochen).
- Den Backofen auf 180 °C (Ober- und Unterhitze) vorheizen. Eine flache Auflaufform einfetten.
- Den Knoblauch abziehen und fein hacken. Die Petersilie waschen, trocknen und hacken.
- Die Speckstreifen in einer Pfanne auslassen und goldbraun braten. In eine Schüssel geben.
- Süßkartoffeln, Knoblauch, Petersilie und Cayennepfeffer mit den Speckstreifen vermengen.
- Die Mischung in der vorbereiteten Auflaufform verteilen.
- Mehl, Butter und Käse mit einer Prise Salz in einer zweiten Schüssel mit den Fingern verreiben, bis eine krümelige Masse entstanden ist. Die Streusel auf den Süßkartoffeln verteilen.
- Den Crumble im vorgeheizten Ofen 25–30 Minuten goldbraun überbacken.
- Heiß mit einem grünen Salat servieren.

Gemüselasagne

VORBEREITEN: 20 MIN. | GAREN: 1 STD.

FÜR 4 PERSONEN

500 g Süßkartoffeln
450 g Spinatblätter (frisch oder TK)
200 g Emmentaler, gerieben
Pflanzenöl zum Einfetten

FÜR DIE BÉCHAMELSAUCE
50 g Butter
50 g Weizenmehl
500 ml Milch
250 g Ricotta
Salz, frisch gemahlener schwarzer Pfeffer

ZUBEREITUNG

- Die Süßkartoffeln schälen, in feine Scheiben schneiden und 15–20 Minuten in Salzwasser gar kochen.

- Den Backofen auf 180 °C (Ober- und Unterhitze) vorheizen. Eine große, flache Auflaufform einfetten.

- Für die Béchamelsauce die Butter in einem Topf zerlassen. Das Mehl einstreuen und unter Rühren hell anschwitzen. Unter ständigem Rühren nach und nach die Milch zugießen. Weiterrühren, bis die Sauce eingedickt ist. Mit Salz und Pfeffer würzen.

- Den Ricotta unter die Béchamelsauce ziehen. Mit Salz und Pfeffer abschmecken.

- Eine Lage Süßkartoffeln in die vorbereitete Auflaufform schichten, gefolgt von einer Lage Spinat. Mit Salz und Pfeffer würzen. Mit Béchamelsauce überziehen. Diese Reihenfolge wiederholen, bis die Zutaten aufgebraucht sind.

- Die Lasagne mit dem Käse bestreuen und im vorgeheizten Ofen 20–30 Minuten backen. Sofort servieren.

Zucchini-Süßkartoffel-Röllchen

VORBEREITEN: 15 MIN. | GAREN: 20 MIN. PLUS 20 MIN.

FÜR 6 PERSONEN

750 g Süßkartoffeln
4 Zucchini
100 g Walnusskerne, gehackt
200 g Ziegenfrischkäse
Pflanzenöl zum Einfetten
Salz, frisch gemahlener schwarzer Pfeffer

ZUBEREITUNG

- Die Süßkartoffeln schälen, würfeln, weich garen (dämpfen oder in Salzwasser kochen) und zu Püree stampfen.

- Den Backofen auf 180 °C (Ober- und Unterhitze) vorheizen. Eine flache Auflaufform einfetten.

- Die Zucchini waschen und putzen. Mit einem Gemüseschäler in lange dünne Bänder schneiden. Den Ziegenkäse in kleine Stücke schneiden.

- Die Süßkartoffeln in einer Schüssel mit den Walnüssen vermengen und die Zucchinibänder damit bestreichen. Mit Salz und Pfeffer würzen.

- Ein Stück Ziegenkäse auf ein Ende setzen und die Zucchinibänder möglichst fest darum aufrollen.

- Die Röllchen aufrecht dicht in die vorbereitete Form setzen.

- Im vorgeheizten Ofen etwa 20 Minuten backen. Sofort servieren.

Süßkartoffelwaffeln

VORBEREITEN: 10 MIN. | RUHEN: 30 MIN. | GAREN: 20 MIN. PLUS 20 MIN.

FÜR 4 PERSONEN

400 g Süßkartoffeln
130 g Weizenmehl
2 Eier
50 ml Milch
30 g zerlassene Butter, plus etwas mehr zum Einfetten
1 Päckchen Backpulver
1 TL Knoblauchpulver
1 TL frisch gehackte Petersilie
1 TL Kräuter der Provence

ZUBEREITUNG

- Die Süßkartoffeln schälen, würfeln, weich garen (dämpfen oder in Salzwasser kochen) und abdampfen lassen.
- Bis auf die Süßkartoffeln alle Zutaten in einer großen Schüssel glatt rühren.
- Die Süßkartoffeln in einer zweiten Schüssel mit einem Kartoffelstampfer zerdrücken. Sorgfältig unter die Eiermasse rühren.
- Die Masse 30 Minuten quellen lassen.
- Ein Waffeleisen vorheizen und einfetten.
- Die Süßkartoffelmasse portionsweise darin backen.
- Die Waffeln sofort servieren. Dazu schmeckt ein frischer Salat.

Süßkartoffel-Pancakes

VORBEREITEN: 10 MIN. | GAREN: 20 MIN.

FÜR 2 PERSONEN

1 mittelgroße Süßkartoffel
1 TL Backpulver
2 Eier
100 ml Milch oder Mandeldrink (Mandelmilch)
1 große Prise Zimtpulver oder Vanille
2 EL Weizenmehl

ZUBEREITUNG

- Die Süßkartoffel schälen, würfeln und 20 Minuten in einem Topf mit Wasser gar kochen.

- Die Süßkartoffel in ein Sieb abgießen und lauwarm abkühlen lassen. In eine große Schüssel geben und mit einer Gabel zerdrücken.

- Backpulver, Eier, Mandeldrink und Zimt oder Vanille in einer zweiten Schüssel glatt rühren.

- Die Süßkartoffeln mit dem Mehl in die Schüssel geben und sorgfältig unterziehen, bis ein glatter Teig entstanden ist.

- Eine beschichtete Pfanne erhitzen. Eine kleine Kelle Teig hineingießen und von beiden Seiten einige Minuten goldbraun backen. Auf einen Teller heben und warm halten. Mit dem restlichen Teig ebenso verfahren.

- Die Pancakes pur, mit Ahornsirup, Apfelmus oder einer anderen Garnierung sofort servieren.

Süßkartoffel-Tarte

VORBEREITEN: 20 MIN. | GAREN: 1 STD. 30 MIN. | RUHEN: 1 STD.

FÜR 6 PERSONEN

460 g Süßkartoffeln
1 süßer Fertig-Mürbeteig (aus dem Kühlregal)
120 g Butter, plus etwas mehr zum Einfetten
2 Eier
200 g brauner Zucker
120 ml Milch
1 TL Zimtpulver
1 TL Vanillearoma
150 g Schokotröpfchen
80 g grob gehackte Pekan- oder Walnusskerne

ZUBEREITUNG

- Die Süßkartoffeln schälen, in Stücke schneiden und in einem Topf mit Wasser etwa 30 Minuten sehr weich kochen.
- Den Backofen auf 180 °C (Ober- und Unterhitze) vorheizen. Eine Spring- oder Quicheform einfetten und mit Backpapier auskleiden. Mit dem Teig auslegen.
- Die Süßkartoffeln in ein Sieb abgießen und abtropfen lassen. Mit der Butter in eine große Schüssel geben, mit einem Kartoffelstampfer zerdrücken und glatt rühren. Eier, Zucker, Milch, Zimt und Vanillearoma sorgfältig einarbeiten.
- Schokotröpfchen und Nüsse unterziehen.
- Die Masse in die Form füllen und glatt streichen.
- Im vorgeheizten Ofen 60 Minuten backen.
- Die Tarte in der Form erkalten lassen, sodass die Füllung fest wird.

Süßkartoffel-Brownies

VORBEREITEN: 20 MIN. | GAREN: 20 MIN. PLUS 40 MIN.

FÜR 6 PERSONEN

300 g Süßkartoffeln
300 g Zartbitterschokolade
200 g Margarine oder Butter, plus etwas mehr zum Einfetten
200 g Weizenmehl
6 EL Speisestärke
180 g brauner Zucker
4 EL Milch oder Pflanzendrink (Pflanzenmilch)
70 g Pekannusskerne
70 g Macadamianusskerne
20 g Puderzucker

ZUBEREITUNG

- Die Süßkartoffeln schälen, würfeln und garen (dämpfen oder in Salzwasser kochen).
- Den Backofen auf 180 °C (Ober- und Unterhitze) vorheizen. Eine quadratische Backform einfetten und mit Backpapier auskleiden.
- Schokolade und Margarine oder Butter im Wasserbad oder in der Mikrowelle schmelzen und glatt rühren.
- Inzwischen die Süßkartoffeln in einer großen Schüssel mit einem Kartoffelstampfer zerdrücken.
- Die flüssige Schokolade sorgfältig unter die Süßkartoffeln rühren.
- Mehl, Speisestärke, Zucker und Pflanzendrink einarbeiten.
- Die Nusskerne grob hacken und unter die Süßkartoffelmasse ziehen.
- Den Teig in die vorbereitete Form füllen und glatt streichen.
- Im vorgeheizten Ofen 40 Minuten backen. Zur Probe einen Holzspieß in die Teigmitte stechen; es sollte beim Herausziehen kein Teig daran haften bleiben. Andernfalls noch einige Minuten weiterbacken.
- Die Brownies in der Form erkalten lassen. Vor dem Servieren mit dem Puderzucker bestäuben.

Süßkartoffeltorte

VORBEREITEN: 15 MIN. | GAREN: 45 MIN.

FÜR 8 PERSONEN

1100 g Süßkartoffeln
190 g brauner Zucker
160 g Butter, plus etwas mehr zum Einfetten
3 Eier
100 g Weizenmehl
1 TL gemahlene Vanille
2 EL Rum

ZUBEREITUNG

- Die Süßkartoffeln schälen, würfeln und weich garen (dämpfen oder in Salzwasser kochen). Abdampfen lassen.
- Den Backofen auf 180 °C (Ober- und Unterhitze) vorheizen. Eine Springform mit Butter einfetten und mit Backpapier auskleiden.
- 1 kg gegarte Süßkartoffeln in einer großen Schüssel mit einem Kartoffelstampfer zerdrücken.
- Zucker und Butter sorgfältig unterrühren.
- Eier und Mehl einarbeiten, bis eine glatte Masse entstanden ist.
- Vanille und Rum unterrühren. Den Teig in die vorbereitete Form füllen.
- Im vorgeheizten Ofen 45 Minuten backen. Zur Probe einen Holzspieß in die Teigmitte stechen; es sollte beim Herausziehen kein Teig daran haften. Andernfalls noch einige Minuten weiterbacken.
- Die Torte in der Form erkalten lassen.

Apfel-Süßkartoffel-Kompott

VORBEREITEN: 20 MIN. | GAREN: 20 MIN.

FÜR 6 PERSONEN

750 g Äpfel
250 g Süßkartoffeln
1 Zimtstange
5-6 Spekulatius

ZUBEREITUNG

- Die Äpfel schälen, entkernen und in Stücke schneiden.
  Die Süßkartoffeln ebenfalls schälen und würfeln.

- Die Süßkartoffeln mit 250 ml Wasser und der Zimtstange in einen Topf
  geben und bei mittlerer Hitze 10 Minuten unter regelmäßigem
  Rühren garen.

- Die Äpfel zugeben und 10 Minuten unter regelmäßigem
  Rühren mitgaren.

- Die Zimtstange entfernen. Äpfel und Süßkartoffeln pürieren.

- Das Kompott erkalten lassen. In Dessertschalen füllen und die Plätzchen darüberkrümeln.

DANKSAGUNG

Ein riesengroßes Dankeschön an Emmanuel, Galatéa und Fanny, die mir dieses tolle Buchprojekt anvertraut haben.

Danke an Alizé und das ganze Team von Marabout, die immer für mich da sind.

Danke an Camille, die Königin der Süßkartoffeln.

Danke an Francis für seine Hilfe und Unterstützung.

Danke an Franck, der mir hilft, dass ich unter anderem so viele Süßkartoffeln in meinem Garten ernten kann.

Viele weitere Rezepte und Videos finden Sie auf meiner Website guillaumemarinette.com

ISBN 978-3-8094-4182-3

1. Auflage

© 2020 by Bassermann Verlag, einem Unternehmen der Verlagsgruppe Random House GmbH, Neumarkter Straße 28, 81673 München
© der Originalausgabe Hachette Livre (Marabout), 2019
Originaltitel: Juste une Patate douce

Rezepte: Guillaume Marinette
Fotos: David Japy
Foodstyling: Christine Legeret
Layout: Manon Renucci

Umschlaggestaltung für die deutschsprachige Ausgabe: Atelier Versen, Bad Aibling
Herstellung: Elke Cramer
Projektleitung: Anja Halveland

Realisierung der deutschen Ausgabe: trans texas publishing services, Köln
Übersetzung: Lisa Heilig, Köln

Druck & Bindung: DZS Grafik, d.o.o., Ljubljana

Printed in Slovenia

FSC
www.fsc.org
MIX
Papier aus verantwor-
tungsvollen Quellen
FSC® C106600

Verlagsgruppe Random House FSC® N001967